Valor posicional

por Danielle Carroll

Consultant: Brad Laager, MA, Math Educator
Little Falls Community Middle School

Libros
sombrilla
amarilla®
para lectores principiantes

Libros sombrilla amarilla are published by Red Brick Learning
7825 Telegraph Road, Bloomington, Minnesota 55438
http://www.redbricklearning.com

Editorial Director: Mary Lindeen
Senior Editor: Hollie J. Endres
Senior Designer: Gene Bentdahl
Photo Researcher: Signature Design
Developer: Raindrop Publishing
Consultant: Brad Laager, MA, Math Educator, Little Falls Community School
Conversion Assistants: Katy Kudela, Mary Bode

Library of Congress Cataloging-in-Publication Data
Carroll, Danielle
  Valor posicional / by Danielle Carrol
    p. cm.
  Includes index.
  ISBN 13: 978-0-7368-7344-4 (hardcover)
  ISBN 10: 0-7368-7344-9 (hardcover)
  ISBN 13: 978-0-7368-7436-6 (softcover pbk.)
  ISBN 10: 0-7368-7436-4 (softcover pbk.)
  1. Number concept—Juvenile literature. I. Title.
  QA141.15.C37 2005
  513—dc22
                                                    2005015735

Adapted Translation: Gloria Ramos
Spanish Language Consultant: Anita Constantino

Photo Credits:
Cover–Page 9: Signature Design; Page 10: Tom & Dee Ann McCarthy/Corbis; Pages 11–15:
Signature Design

1 2 3 4 5 6 11 10 09 08 07 06

Contenido

¿Qué es valor posicional?

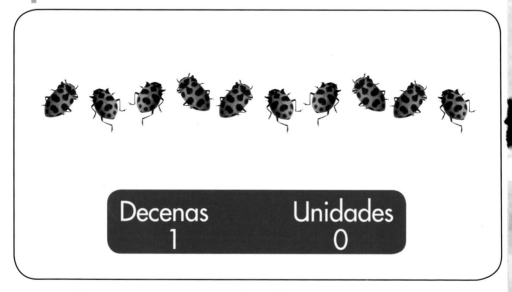

Decenas	Unidades
1	0

Aquí hay un grupo de diez mariquitas. Cuando escribimos el número 10, podemos ver que tiene dos dígitos. El primer **dígito** de la izquierda está en el lugar de las decenas. El segundo dígito está en el lugar de las unidades.

El número 10 representa un grupo de decenas. Por eso escribimos un 1 en el lugar de las decenas. En el lugar de las unidades ponemos un 0 porque no tenemos unidades.

Valor posicional de 10

Decenas	Unidades
1	0

Más que 10

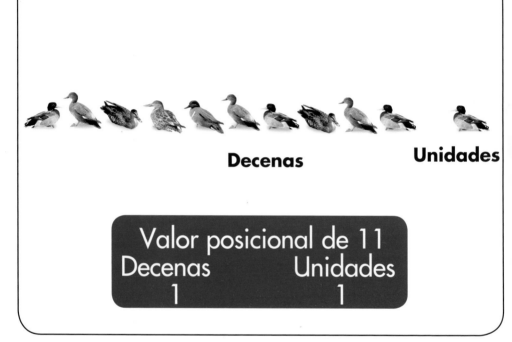

Decenas

Unidades

Valor posicional de 11
Decenas   Unidades
1   1

Empieza con un grupo de 10 patos. Súmale un pato a este grupo. ¿Cuántos patos tienes ahora? Hay 11 patos. Hay un 1 en el lugar de las decenas y un 1 en el lugar de las unidades.

Hay 10 mariposas en el grupo de la izquierda. Ahora súmale 6 mariposas más a ese grupo. ¿Cuál es el **total**? ¡El número es 16!

Valor posicional de 16

Decenas	Unidades
1	6

Decenas　　　　　　　　　**Unidades**

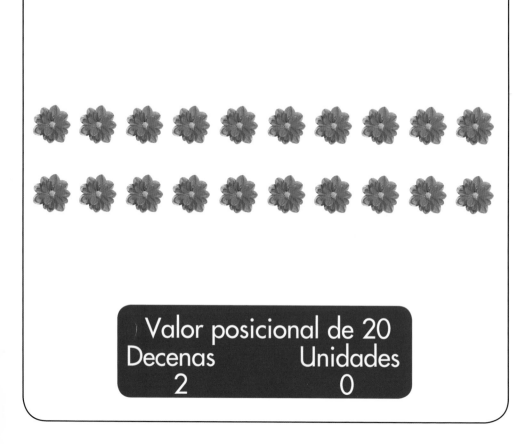

Valor posicional de 20
Decenas   Unidades
   2   0

Como los números 10 a 19, el número 20 es un **número de dos dígitos**. Pero, el **valor** de las decenas ha cambiado. Veinte es igual a dos decenas y 0 unidades.

Súmale 7 flores al grupo de 20. ¿Cuál es el total ahora? Hay 27 flores. Eso es igual a 2 decenas y 7 unidades.

Valor posicional de 27

Decenas	Unidades
2	7

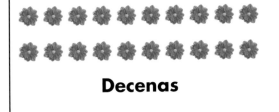

Decenas

Unidades

¡Todo en su lugar!

Aquí hay un grupo de 14 cometas.
¿Cuántas decenas hay en 14? ¿Cuántas
unidades hay? Si intercambias el 1 y el
4, ¿qué número tendrás?

Aquí hay 19 globos. ¿Cuántas decenas hay ahora? ¿Cuántas unidades? Si intercambias el 1 y el 9, ¿qué número tendrás?

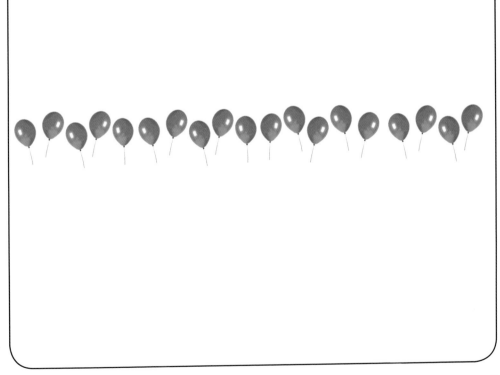

Mira la foto y cuenta los niños. Hay 16 niños. Si intercambias el 1 y el 6, ¿qué número tendrás?

La tabla dice que hay 41 círculos. Mira la foto. ¿Cuántos círculos cuentas?

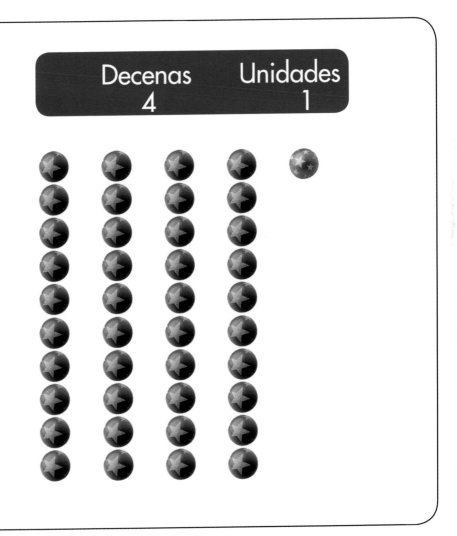

¿Qué representa 100?

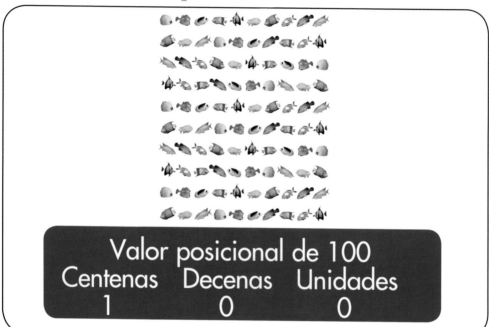

Valor posicional de 100

Centenas	Decenas	Unidades
1	0	0

Cien es un **número de tres dígitos**. Tiene tres lugares de valor posicional. Hay un 1 en el lugar de las centenas, 0 en el lugar de las decenas, y 0 en el lugar de las unidades. ¡Aquí hay 100 peces nadando en el mar!

Podemos representar el número 100 con 10 grupos de diez. Si le sumas 15 peces a los 100 peces, ¿cuál es el total? Es 115. Eso es igual a 1 centena, 1 decena, y 5 unidades.

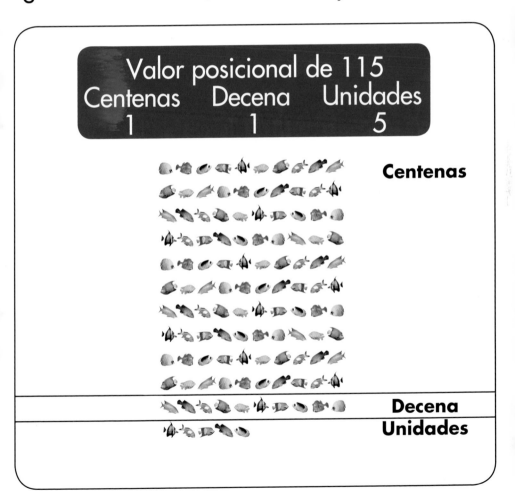

El lugar correcto

Ahora sabes por qué se escriben los números de la manera que los escribimos. ¡Sabes lo que significa valor posicional!

Glosario

dígitos   los números del 0 al 9

número de   un número que tiene dígitos en
dos dígitos   el lugar de las decenas y en el
de las unidades

número de   un número que tiene dígitos
tres dígitos   en el lugar de las centenas, de
las decenas y de las unidades

total   la cantidad entera

valor   la cantidad de algo

Índice

Word Count: 324
Guided Reading Level: L